XAVIER AUBRYET

LA

RÉPUBLIQUE ROSE

— 1848-1871 —

PARIS

E. DENTU, ÉDITEUR

LIBRAIRE DE LA SOCIÉTÉ DES GENS DE LETTRES

PALAIS-ROYAL, 17 ET 19, GALERIE D'ORLÉANS

LA
RÉPUBLIQUE ROSE

PARIS. — IMP. SIMON RAÇON ET COMP., RUE D'ERFURTH, 1

LA
RÉPUBLIQUE ROSE

—1848-1871—

PAR

XAVIER AUBRYET

PARIS

E. DENTU, LIBRAIRE-ÉDITEUR

Palais-Royal, 17 et 19, galerie d'Orléans

—

1871

LA
RÉPUBLIQUE ROSE

I

> Et rose elle a vécu...

En ce temps-là, M. et madame Avoine père étant consuls, comme la république rouge sonnait *le tocsin des travailleurs* à tous les clochers de la fraternité et qu'on tirait le canon dans vos fenêtres pour vous prier d'*illuminer*, — quatre-vingt-dix-neuf familles, horriblement lasses de ce vacarme social, ramassèrent lestement les branches éparses et les boutures de leur arbre généalogique, y joignirent quelques plantes grimpantes, et se déterminèrent à aller rapporter le tout dans un terrain vierge où n'eût jamais soufflé le mistral de la politique.

Il se rencontra donc là toute sorte de monde, des marquis de l'ancien Régime, des barons de l'Empire, des pairs de Juillet, — le tout très-vert, — des philosophes, des poëtes, des indifférents, deux ou trois fleurs du jésuite Camelli, mais des *camellias* triples ; une ou deux *filles de marbre*, mais de Carrare, et ce qu'il fallait tout juste de *demi-monde* pour ne pas laisser perdre les *demi-places*, enfin, fort à propos dans la banlieue de la parenté (en dehors des fortifications), sept

à huit douzaines de laquais de bonne
mine et d'assez jolies femmes de chambre.
A ceux-là, on demanda bien vite s'ils n'au-
raient pas incessamment l'intention de
se poser en ilotes et d'apprendre à leurs
maîtres qu'ils étaient *des hommes libres !*
— Ils secouèrent la tête en souriant.
— Ils descendaient tous des *l'Olive* et
des *la Violette*. C'étaient d'honnêtes gens
qui se contentaient de détrousser agréa-
blement M. le comte ou madame la com-
tesse, et qui savaient bien que les vrais
maîtres d'une maison sont les domestiques.

L'élément dominant, ce fut les soupi-
rants de la veille et du lendemain; ce
qu'ils entraînèrent de raretés féminines
dans leur désertion, on n'oserait pas
l'énumérer. Ils privèrent littéralement

Paris pour quelque temps de ses yeux les plus grands, de ses pieds les plus petits et de ses tailles les plus rondes, voilà pourquoi vous avez si souvent entendu dire aux étrangers : « Il n'y a pas de beautés à Paris ! » C'était toute une génération d'amants impatients qui attendaient le lever sans cesse retardé de la lune de miel, ou de maris désappointés qui avaient vu la Révolution se poser comme une éclipse quotidienne en face de leur premier quartier. Ils allaient chercher, pour abriter l'amour, ces nids charmants qu'on loge si mal dans le feuillage des arbres de la liberté.

Au milieu des jeunes fronts, les quelques rides qu'on remarquait n'étaient pas grondeuses. Hommes de tradition, ils portaient encore une fleur de galanterie et de bonne humeur à la boutonnière. C'était enfin l'émigration de la poésie et de la fine prose : les rieurs en cheveux blancs et les rêveurs en cheveux noirs.

On se prépara donc au départ : on disposa dans un magnifique navire une immense cargaison de vivres, de meubles et d'étoffes ; on y inséra de plus, sur la prière d'un grand cordon bleu, trois paires de tous les animaux domestiques. — Ce fut l'arche fuyant le déluge à la recherche d'un nouveau monde. — Le Noé ou le Christophe Colomb était un ancien armateur qui connaissait l'Océan comme le syndic des requins.

La petite colonie s'embarqua au Havre, le 17 mars 18.... devant une population qui les prit pour des Icariens. En montant le dernier, le capitaine aperçut

au loin le proconsul de l'endroit qui bi-
tumait sa quinzième pipe en faisant un
petit cours de politique internationale
aux pêcheurs d'Étretat.

— La royauté est morte en France!
s'écriait-il d'une voix absinthée.

— Excepté celle du roi Pétaud, lui
héla le capitaine en saluant du tillac.

Et la brise légère vint murmurer à
leurs oreilles ce terrible anathème qui
n'a rien perdu de sa fraîcheur : *Réac-
tionnaires!*

II

Cependant, une vraie tempête de poëme épique jeta d'abord le vaisseau *le Partons ! Partons !* près des côtes d'Angleterre. Là, ils entendirent un bourdonnement majestueux suivi d'un bruit sec comme une volée de bois vert. — C'étaient les *fenians* du temps que fouettaient les constables de Londres. — Le ciel redevenu bleu, ils firent force de voiles, tournèrent en hâte la France et la

Péninsule où la révolution les poursuivait, aperçurent de loin la Sicile, où Garibaldi tàchait de réchauffer l'Etna, la Grèce, où le parti libéral en voulait · encore à ce pauvre M. Othon, et s'aventurèrent enfin dans l'archipel à la piste d'un pays nouveau. Là, ils respirèrent. — La vieille· Europe les quittait. Ils se perdaient doucement au milieu de ce riant bouquet d'îles, offert par l'antiquité à Vénus. — C'étaient les Cyclades, Chio, Samos, Lesbos d'amoureuse mémoire. —Ils allaient pourtant leur dire adieu, quand une avarie considérable les obligea de se mettre en sùreté sur un rocher qui apparaissait au loin comme un quartier des Pyrénées perdu en pleine mer. — Après une ascension fabuleuse, ils se trouvèrent au bas d'un second escarpement de sable et de bruyères que quelques curieux se firent un devoir d'escalader. — Pendant ce temps, un membre de l'Institut expliqua comme quoi l'île était un produit volcanique d'une incurable stérilité. — Une heure après, on les vit reparaître, poussant de grands cris de joie, et invitant d'un geste tout le monde à les rejoindre.

Ils étaient descendus dans une longue vallée emprisonnée par une double ceinture de rocs, de pics, de crêtes et de caps. Une rivière changeante et souple comme un ruban enlaçait six petites îles plus éclatantes de fleurs, de verdure et de fruits, qu'un jardin de la terre promise. Il semblait que toutes les plantes de la création eussent envoyé leurs délégués à l'éternelle fête du printemps. Là, des bois de citronniers et d'aloès couraient le long des collines, les vignes saluaient le soleil en inclinant leurs lourdes grappes dorées; plus loin, les arbres à fleurs de la Chine secouaient sous eux leurs mille guirlandes, tandis que des touffes de roses fraternisaient avec des champs de maïs. La *libégafra* elle-même, une plante tricolore dont le nom est formé des premières syllabes des mots *liberté*, *égalité*, *fraternité*, mûrissait entre des buissons de lilas, et le platane couvrait de ses larges ombres un champ entier de dahlias bleus! — le dahlia bleu! — *la plante philosophale* des botanistes!

Et pourtant, chose bizarre, nulle trace d'habitation ne se révélait; le dernier des

Mohicans lui-même eût en vain cherché
sur le sol l'empreinte d'un pied humain.
On se perdait en conjectures, et quelques
mystiques affirmaient déjà avoir retrouvé
l'ancien paradis terrestre, quand un second membre de l'Institut, ennemi intime du premier, se rappela, quelques
années auparavant, avoir lu dans l'An-
nuaire du Bureau des longitudes, à l'article : *Effets de l'orage*, la relation d'un
phénomène singulier. Une trombe avait
enlevé, chez un riche pépiniériste de
Smyrne, une magnifique collection de
graines de toute espèce en la portant
dans différentes directions. — Quelques terrains de l'île de Chio s'é-
taient subitement métamorphosés en jar-
dins enchantés. — Selon toute probabi-
lité, l'île nouvelle, située au passage

de la trombe, avait été la mieux partagée.

Après bien des reconnaissances, comme les étoiles arrivaient une à une au rendez-vous nocturne, un grand souper fut préparé. Chypre fournissait le vin et les six petites îles le dessert. Puis on dressa les tentes et un doux silence s'établit. Tous les rossignols d'Europe, dont cette île était le rendez-vous, enchantèrent le sommeil des débarqués.

Le lendemain, on décida à l'unanimité que les îles nouvelles seraient choisies comme lieu de résidence et porteraient le nom d'îles du *Paradis retrouvé*. On s'occupa ensuite de l'organisation de la colonie.

L'idée de phalanstère fut tout d'abord repoussée : le phalanstère, ce sacrifice très-inutile et très-prosaïque de l'individualisme licite à une fraternité défendue.

Le communisme n'eut pas plus de succès ; on trouva ridicule d'avoir chacun juste autant de terrain qu'un pot de tulipes. Encore si l'humanité était fleur ! On fit donc trente lots de toutes les terres : cinq grands, quinze moyens, dix petits. —Vingt furent tirés au sort ; les dix autres étaient destinés à former le territoire de la ville où devaient habiter les arts, les lettres et l'industrie. Ce fut une *tombola* d'immeubles. Il n'y eut point après la moindre jalousie. — On décida d'ailleurs que les alliances se feraient de droit entre les victimes du hasard et ses favoris. Ainsi la fille d'un possesseur du sol ne pouvait épouser que le fils d'un propriétaire *in partibus* et *vice versa*. C'était ce double mouvement circulaire que la chanoinesse Anoska, une Polonaise réfugiée pour la seconde fois, définissait : *faire tourner la propriété autour de la terre.*

III

Une patrie leur était donc rendue à ces
exilés de la vie intelligente ; ils avaient
trouvé un petit point du globe oublié de
la boîte de Pandore. — Émigrés de toutes
les opinions, leur Coblentz ne connaissait qu'un drapeau, — celui du parti des
gens d'esprit contre le grand parti des
imbéciles ; ils n'étaient pas fâchés d'ailleurs de rompre avec ce vieux monde, où
l'on déboise tout, excepté la *forêt des*

préjugés, où l'on se trouve à chaque moment de la journée en face de sots à com-
battre, — un contre dix ; — où quinze
cents limes râpent sans relâche l'émail
de votre existence ; où la tuile du gros
bon sens vous tombe sur la tête, dès que
vous mettez le pied dans la rue: — où
l'on est riche à nonante ans, comme disent les Brabançons, quand mille écus
vous suffiraient, et où l'on n'a pas mille
écus à sa majorité, quand on se sent
l'appétit d'avaler le veau d'or à son premier repas ; — où les propos saugrenus,
— bien plus insupportables que les cris
de Paris, — vous agacent l'oreille depuis
la naissance jusqu'au décès : — un pauvre diable qui a une chaîne, et qu'on
appelle un *homme qui se livre à la
débauche*, — une bête brute qui épouse

pour ses écus une femme hideuse comme un crapaud borgne, et qu'on baptise complaisamment de *gaillard qui fait bien ses affaires ;* les gens sérieux qui disent de Balzac : — Les romans, ce sont des *bêtises ;* — les Spartiates pour rire qui proclament entre deux coupes de vin de Moselle que les perles d'une coiffure sont autant de *gouttes de sueur du peuple ;* — les modistes de l'ordre moral qui trouvent que la plus *belle parure d'une femme, c'est la modestie.*

C'est assez dire que toutes ces absurdités en matière de luxe qui *corrompt les nations,* — tous ces codes de Lycurgues bâtards, ces baquets de brouet noir qui sont la boue des discussions, furent impitoyablement laissés à fond de cale.

Pour eux, l'argent fut un moyen et non

pas un but. — Il leur sembla qu'il n'y avait pas d'élégances, de délicatesses, de coquetteries, dont on ne dût entourer les misères de la vie! — On ne dort pas mieux sur un oreiller frangé de dentelles, mais qui niera que le tête-à-tête y soit plus exquis? La pression d'une main qui se dégante n'a-t-elle pas quelque chose de moins banal et de plus discret? Être *irré-prochable* au physique, n'est-ce pas déjà racheter un peu les torts qu'on peut avoir au moral? Se plaindre qu'une femme ait trop de robes, n'est-ce pas se plaindre qu'une rose ait trop de feuilles? Béran-ger, le chansonnier national, ne compre-nait que les *chaises de paille*. A tout prendre, on cause plus confortablement sur un canapé de satin.

Ces raffinements en horreur à la démo-

cratie ne les empêchèrent pas d'être vi-
rils. Ils le prouvèrent en construisant la
ville. Tout le monde se mit à l'œuvre.
—Il ne s'agissait plus de répéter, à mille
lieues de distance, le quartier de la
chaussée d'Antin ou le quartier Rivoli.
— On avait assez de ces villes aux rues
uniformes, belles comme une page d'é-
criture, suite de lieux communs, œuvres
complètes d'un entrepreneur de bâtiments. — Chacun fut donc appelé à tra-
duire, en n'importe quelle langue, sa
pensée la plus intime, et bientôt, tandis
que la campagne se peuplait de chau-
mières où il y avait toujours un cœur, on
vit surgir dans l'air la tour de Babel en
détail ; ce fut la confusion des architec-
tures, mais les maçons ne cessèrent pas
de s'entendre ; le pignon gothique com-

prit la coupole grecque ; la pagode in
dienne ne jura point avec le triangle an-
tique ; l'aiguille orientale se parallélisa
avec la flèche du moyen âge ; la maison
de Dieu ne fut pas oubliée, et comme il
n'y avait pas — chose étrange — un seul
athée parmi eux, ils réussirent à trouver
une église qui ne ressemblait pas à une
Bourse et où les fidèles ne couraient
pas le risque de prendre *les répons* des
chantres pour la *réponse des primes.*
L'intérieur des habitations fut mis sous la
haute police du goût : la pacotille, cette
prostitution de l'Art, qui demanderait
vraiment un Parent-Duchâtelet, devait
être impitoyablement saisie et renvoyée à
Paris à titre de restitution ; ainsi le zinc
qui joue le bronze, la mélasse durcie qui
joue l'écaille, la colle jaune qui joue l'or,

le papier gaufré qui joue le cuir, la mou-
lure qui joue la sculpture, le faux
Louis XIII, le faux Louis XV, le faux
Henri II, enfin tous ces coquets im-
mondices qui ornent les salons d'aujour-
d'hui. Un *style décent* fut de rigueur
dans le choix des mobiliers. On était
tenu d'apprendre l'orthographe des choses, comme il est défendu d'ignorer
l'orthographe des mots ; — tous les
quinze jours une chasse en battue fut or-
ganisée contre la Banalité, cette bête fé-
roce qui a l'air si doux.

Ce qui coûta le moins à construire fut
l'hôtel qui devait servir au gouvernement.
Un des principaux colons se trouvait possesseur en France du fameux *chêne de
saint Louis* ; on transplanta dans la colonie, par les moyens connus, le vénérable

colosse sous lequel devait se rendre la Justice.

Enfin, sur un îlot rocailleux et maussade, on bâtit une *petite maison blanche avec des contre-vents verts ;* on lisait en lettres d'or sur sa façade :

Ici seront renfermés tous ceux qui seront convaincus d'avoir parlé politique, ou fait rimer âme *avec* flamme.

On la nomma : *Odéon.*

La ville en état d'être reçue par les architectes, on s'occupa de la constitution. Elle fut présentée en un quart d'heure, votée en cinq minutes, et promulguée le lendemain. Elle se composait de six articles.

CONSTITUTION

PROCÈS-VERBAL DE LA SÉANCE.

ARTICLE 1er. En présence de Dieu, le gouvernement des îles du *Paradis retrouvé* est une République Rose. (Voté par acclamation.)

ART. 2. La liberté est la propriété de tout le monde. La liberté est le droit d'aller et de venir, et même de rester chez soi. Elle a pour bornes aux quatre points cardinaux le précepte suivant : « Ne faites pas aux autres ce que vous ne voudriez pas qu'ils vous fissent. »

(Un grand tumulte, causé par un petit scandale, suivit la lecture de cet article : une moustache noire venait de risquer un point d'orgue sur la joue droite de la vicomtesse de Fingal. L'orage grossissant, le coupable fut sommé de s'expliquer ; il se leva à l'instant. « Messieurs, dit-il, je n'ai fait qu'user de mon droit, et me promener dans la définition de la liberté. La preuve en est que je n'ai rien donné à madame la vicomtesse que je ne consente à me voir rendre par elle. »

Madame de Fingal sourit, et, pour assurer de son respect de la légalité ce Mirabeau du baiser, tendit sa joue gauche à la moustache noire, qui y exécuta plusieurs doubles croches.

ART. 3. Le gouvernement se compose de deux pouvoirs élus pour six mois.

Le pouvoir législatif appartient à quarante citoyens de trente à cinquante ans, élus par toutes les femmes.

Le pouvoir exécutif à une présidente, assistée de six conseillères élues par tous les hommes.

Art. 4. La sûreté de l'État est confiée à tous les jeunes gens de vingt à trente ans.

Art. 5. La justice est rendue, au nom du peuple, par douze des plus équitables citoyens de l'île, nommés par tous les domestiques.

Art. 6. Toutes les charges sont lucratives — pour l'État.

Ainsi un député devait verser quinze mille francs par an au Trésor, et l'on aurait pu dire à un ambitieux qui eût rêvé deux postes à la fois (car il y a partout des *cumulatiers*) : — Vous êtes donc bien riche !

IV

On n'inscrivit pas sur les pierres de
taille, comme une ordonnance de police,
ces maximes d'amour universel que
contre-signent un peu plus tard les bou-
lets et les balles. Il n'y eut plus le
moindre effet à produire avec le mot
liberté, escorté de points d'exclama-
tion.

L'égalité ne fut pas décrétée davan-
tage ; seulement il leur parut curieux de

traiter le métier comme l'art, et de prouver qu'entre l'artisan et l'homme du monde, ce n'est pas la profession qui fait la différence, mais l'homme.

Ils reprirent la société à l'époque où le roi de France était le premier serrurier de son royaume, et où l'on disait :

Voltaire est agricole, et Choiseul est fermier.

On lut donc sur la porte d'une grande dame, qui avait laquais et cochers poudrés :

La duchesse de Damlieu.

MODES.

Un peu plus loin, ces enseignes consolantes arrêtaient le regard :

Le comte d'Avrincourt.

CARROSSERIE.

Gustave XV.

ANCIEN ROI.

Eaux-de-vie et liqueurs.

Le meilleur élève de feu M. Ingres s'établit peintre en bâtiments. Le prince de Walfremont se fit meunier. Il recevait son monde en costume complet de soie blanche; un escalier de citronnier conduisait au moulin; la meule était en marbre gris, les ailes en taffetas amarante.

Et ce fut entre ces nouveaux travailleurs une rivalité de bon goût, une concurrence désespérante d'originalité; ils mirent tout leur esprit à leurs œuvres.

On exerçait pendant quatre ou cinq saisons, après quoi on se *retirait des affaires*, en cédant son fonds à son voisin. On montait ainsi la *garde du travail*, et une fois son uniforme ôté, on se mettait activement à ne *rien faire. Ne rien faire!* cette béatitude connue des élus, et calomniée seulement par les ennuyeux, qui ne savent que tuer le temps au lieu de le caresser. Hélas! le temps, cette belle divinité, n'a guère qu'un amant pour cent assassins!

Le mariage — l'éternel point de mire de la plaisanterie vulgaire — fut relevé de son emploi carton de tir; on réhabilita cette institution compromise depuis tant de siècles; le gros mot de Molière disparut de leur vocabulaire, et ce furent les femmes trompées qui devinrent ridi-

cules; les *mariages de raison* demeu-
rèrent prohibés, comme la plus folle
des platitudes; on punit du retour forcé
en France les *mariages d'argent*, cette
infamie à l'état chronique. Un homme
riche ne dut plus épouser qu'une femme
pauvre; le terme de *dot* s'abolit de lui-
même. En cas d'opulence chez la future,
sa fortune au jour du contrat revenait de
droit à l'État. Il ne fut plus permis de se
marier qu'après six mois de résidence
dans le cœur de l'une de l'autre : on
trouvait odieux, quand on ne possédait
une maîtresse qu'au bout d'un stage souvent fort long, qu'on pût, entre le cou-
cher et le lever du soleil, prendre livrai-
son de sa femme légitime. On introduisit
enfin de la décence dans le plus doux
des sacrements.

Ce qu'on appelle encore dans nos départements : *les espérances* se nomme là-bas *le désespoir*. Qui donc a parlé toujours du vert de l'*espérance?* c'est la petite qui est verte, mais la grande est noire; le deuil lui donne sa teinte. — Les enfants à leur naissance devenaient propriétaires des biens de leurs parents : les fils avaient donc pour héritiers leurs pères et les neveux leurs oncles, et comme l'*affection descend et ne remonte jamais*, on coupa ainsi les convoitises à la racine.

On n'exigea point les uns des autres d'*être parfait*. On n'avait pas l'ambition de devenir des *anges*, mais ces ailes de carton que se posent aux épaules les Diogènes de l'Europe aux pieds de pourceau furent solennellement brûlées en séance publique : tout ce qu'on se promit, c'était de rester des hommes et de ne jamais devenir des animaux. Quant aux vices et aux vertus, on s'en réserva amplement ce qu'il fallait pour le meilleur équilibre. — Pour l'édification du prochain, un des petits-fils de M. de Montyon renchérit ingénieusement sur son aïeul : — il fonda des *prix de vice*; chacun eut peur de les gagner, et la Vertu trouva là une compensation aux prix Montyon de Paris.

On interdit seulement, sous peine de bannissement dans les vingt-quatre heures, les *fausses vertus* et les *vices bêtes*.

— Les *fausses vertus* : cette ignorance brutale qu'on appelle si souvent la *simplicité des goûts* : cette façon de ne voir que le derrière des choses, et qu'on nomme la *Raison*, cette aversion de la légèreté, — parce qu'on resterait même dans l'eau horriblement pesant (haine du mastodonte pour le colibri), — et qu'on décore impudemment du titre de : *Caractère sérieux*. — Les *vices bêtes :* l'*Envie*, qui ne diminue d'un atome ni le bonheur de celui qui est jalousé ni le malheur de celui qui jalouse ; l'*Avarice*, ce calcul de Gribouille : *jouir de ne jamais jouir* ; l'*Égoïsme inintelligent*, cet amour de soi, qui consiste à se faire des traits.

Il fut tacitement entendu que la *considération*, ce volatil *fluide*, qui fuirait par un trou d'épingle, serait définitivement converti en *solide*, de manière à être moins facilement perdu et acquis ; la *considération*, en France, est un gaz dont les aéronautes les plus décriés savent gonfler le ballon de leur personnalité, tandis que d'honnêtes Godards ne peuvent pas enlever à quinze pouces du sol leur modeste mongolfière! Ainsi, avoir des gants beurre d'Isigny, des favoris à facettes et des invitations à dîner ne devait plus suffire pour être *estimé*, pas plus que ne vouloir pas servir de marchepied, reconnaître ses neveux naturels, et porter un gilet trop long, ne devaient suffire pour être *méprisé*. Il fallut de bonnes ou de mauvaises actions pour être au banc d'honneur ou au pilori.

Un ordre de chevalerie fut institué : la première nuit du mois de mai, les *Paradisiennes* se réunissaient sous un lilas consacré, et au scrutin secret nommaient dix-sept chevaliers.

Les Paradisiens rendaient cette politesse aux dames, en décrétant *Rosières*, au petit jour, chaque premier juillet, les femmes mariées qui avaient le mieux résisté à la tentation. Il y avait trop de temps qu'on couronnait la Grâce qui s'ignore, il était temps que la Grâce savante eût son Nanterre.

V

Quelque neuf mois après, la *Républi-que Rose* était une puissance, et les na-vires Yankees eux-mêmes saluaient avec amabilité le drapeau *aurore* des *yatchts* de plaisance, qui composaient unique-ment la marine paradisienne. Pour toutes armes, ces républicains *carminés* por-taient des cannes d'olivier. Leurs am-bassadeurs avaient ce grave inconvénient qu'on ne pouvait jamais les *retirer;*

l'ambassade de Paris, par exemple, a été confiée à Mérimée, qui est retenu de force par les Français ; Henri Heine représente la *République Rose* à Vienne ; Stendhal à Rome ; Loève-Weimars à Constantinople ; Gérard de Nerval au Caire ; le comte de Maistre à Saint-Pétersbourg ; Joubert à la cour de l'Être suprême. — Les souverains du monde acceptèrent galamment les insignes de cette république, qui n'avait pas pour symbole un *triangle* étroit et borné, mais un *angle ouvert*, ouvert à toutes les idées généreuses — il n'y a qu'aux Paradisiens que l'empereur du Japon ait permis l'accès de Yédo, et dernièrement un anthropophage disait à un de ces républicains pourtant bien succulents : Bon blanc, mange-moi, je t'en prie. Que dis-je? le principal chef de la tribu des Cafres enverra, cette fois-ci, pour le jour de l'an, à la présidente, madame Lefèvre (tout bonnement), un sac de bonbons de chez Boissier. — C'est la perspective de prendre du bon temps aux îles du *Paradis retrouvé*, qui rendait Léopold, l'intendant des Belges, si coulant à l'endroit de ses *pouvoirs*. *Je vais faire ma malle*, disait-il d'un air joyeux, quand l'horizon politique se *rembrunissait*. — Après tout, dans la *République Rose*, il eût été heureux comme un roi.

La ville s'est faite capitale, sans que la nature ait l'air, comme dans nos cités, d'être emprisonnée entre quatre murs ; les maisons n'ont pas, comme chez nous, six étages, ce qui leur donne ici l'apparence d'une *pyramide américaine*. Le ciel, qui commence à retrouver à Paris quelques entrées de faveur, jouit de ses entrées de droit partout à *Paradis*; de loin on dirait un jardin habité, tant la pierre se marie de fois à la végétation. C'est la polygamie lapidaire.

Ne croyez pas qu'on en soit réduit dans *Paradis* à cuire notre bonne mère, la Terre, pour se loger : Dieu merci! la brique, ce sacrilége, est inconnue de ces pieux artistes. Ils n'ont qu'à se baisser pour ramasser le jaspe, le porphyre, l'agate, l'onyx; — tout ce dont vous faites un bracelet en France, on en ferait des fondations à *Paradis*. — L'oratoire de la duchesse de Langeais, qui a quitté son couvent pour aller épouser là Rastignac, est éclairé par des vitres en améthyste; les petits enfants de madame de Mauerville se jettent presque des cabochons dans les rues. — L'exportation est, du reste, absolument prohibée ; les délinquants sont passibles de la peine de l'exposition publique, laquelle consiste en ceci : être forcé de porter pendant six mois des bijoux écossais.

Comme on a beaucoup diminué à *Paradis* l'importance du *mal moral*, il se trouve que le *mal physique* s'amoindrit tous les jours. — La santé publique y est excellente, on ne fait pas de plaisanteries contre les médecins ; mais, d'un autre côté, les médecins ne vous les rendent pas. Bianchon a trouvé, en herborisant, une plante magique, qui était, dit-on, toute la médecine de l'Olympe. Il ne naît pas une seule créature laide ; la laideur interne disparaissant, la laideur extérieure n'ose plus se montrer. Ce sont les vices que, chez nos voisins, on 'appellerait *improper*, qui ont fait de génération en génération ressembler telle famille aux cétacés, telle autre aux quadrumanes, une troisième à la race bovine. Dans la *Republique Rose*, l'homme tâche, au moins, d'avoir un petit air de ressemblance avec Dieu, ne fût-ce que pour contenter l'Écriture. — Quant aux morts, on a adopté pour eux la crémation. J'ai vu dernièrement un gendre qui poudrait une lettre d'affaires avec la cendre de sa belle-mère ; et il ajoutait, en soufflant dessus : Autant en emporte le vent !

Un hiver de quinze jours, un été de trois semaines, un printemps de près de dix mois, voilà la température des îles du *Paradis retrouvé*, que la brise de la mer attiédit ou réfrigère avec une sollicitude infatigable.

On ne s'ennuie jamais à *Paradis*. L'esprit, que, chez nous, vous battriez tant de quartiers, même Belleville, sans rencontrer, court les rues de la *République Rose*; il est sûr au moins que le gros chariot de l'ineptie ne lui passera pas sur le corps; — en France, il se sentait en danger : tout un arrondissement pouvait lui être hostile; là, on le reçoit déjà bien dans l'antichambre : qu'est-ce donc dans le boudoir? — J'entends le vrai esprit, non pas cette essence commune qui prend feu si facilement chez les *diseurs de mots*, mais cette flamme légère qui était l'âme de Chamfort ou de Rivarol. On a repris à *Paradis* la causerie au point où elle en était restée quand Mirabeau ferma la bouche aux causeurs ; on a repris aussi le goût au moment où la Révolution le décapita : on s'amuse, on sourit, on innove, on corrige la vie, on perfectionne, on dégage l'inconnu, on laisse battre son cœur, planer son âme. — Ce sont les principes de 88 ! — Quant au char de l'État, comme cette vieille figure de rhétorique marche toute seule, personne ne se met à la fenêtre pour la voir passer.

Il y a un théâtre à *Paradis*, on y joue la comédie de société comme autrefois, on y chante même l'opéra. Le climat, qui change les conditions vocales, y favorise la naissance des ténors ; les musiciens y font de la musique, et non pas du bruit, les chanteurs y chantent et ne brament pas ; les peintres font de la peinture et non pas de l'enduit.

Est-ce à dire que *Paradis* soit l'île des plaisirs de Fénelon? les natures y sont-elles en sucre raffiné? les humeurs n'y règnent-elles qu'à l'état d'orangeade? le sang y est-il fait de rosolio ou de muscat? — Non, cette édition de l'humanité a ses pages faibles comme les autres, seulement c'est un Elzévir. Ils ont réussi à rester chrétiens par le fond en devenant païens par la forme. Ils ont des courses de chevaux, mais la perfectibilité est leur premier *steeple-chase.* Ils sont moins mauvais qu'ailleurs, puisqu'ils sont heureux, — et voilà-pourquoi ces Robinsons qui ont leurs domestiques pour Vendredis, ne veulent plus quitter leur île.

J'allais oublier quelques détails importants : les *Faux cheveux*, cette parure barbare, sont sévèrement interdits aux îles du *Paradis retrouvé*; on craindrait d'offenser la plus adorable de toutes les mères, la fameuse Éve en ne se contentant pas, comme cette reine des blondes, de sa chevelure naturelle. Les jeunes femmes ont donc décidé, dans une conférence des plus agitées, qu'elles renonçaient aux accessoires capillaires; les pauvres maris ne seront plus exposés à voir traîner sur une table de toilette une paire de grosses nattes ayant peut-être appartenu à une pétroleuse. Fi l'horreur!

La teinture a été également prohibée; ce procédé scandaleux, qui consiste à donner à l'ébène le plus authentique des tous d'amadou suspect, fut regardé comme un crime de lèse-couleur; on laissa l'Ombre de Venise penser ce qu'elle voudrait des chrétiennes qui ont le malheur de ne pas être rousses, mais on fut brune avec intrépidité, presque avec provocation : on voulait rompre d'une façon éclatante avec le cocodétisme.

Nous avons eu dernièrement l'honneur de rencontrer deux frères, dont l'un, comme ce pauvre Auber, que nous n'appellerons plus Ninus de Lenclos, n'avait jamais voulu quitter Paris; on aurait mis le feu à tous les restaurants à la fois, qu'on eût vu l'aîné, le comte de Montsablé, s'acheminer gravement, à sept heures du soir, vers la Maison d'or, comme si elle eût été incombustible. Le cadet, le vicomte Henry, est depuis sa tendre enfance un des citoyens de la *République Rose*, et remarquez cet étrange contraste :

Le comte a trente-neuf ans ; vous lui en donneriez cinquante-cinq ; il est blasé à croire qu'on le trouvera suicidé dans la journée ; le spectacle l'ennuie, je ne parle pas de l'Opéra, ni des Italiens, cela va sans dire, Mozart et Rossini n'ont plus assez de montant pour notre génération, mais Hervé et Offenbach eux mêmes le laissent froid ; il a bâillé à la première représentation de *la Belle Hélène*, sacrilége qui a été très-remarqué ; la table l'ennuie ; les maîtres d'hôtel ne savent plus quels mets inventer ou quel cru lui offrir ; il n'aurait pas le plus petit respect pour le vin de la comète ; le plaisir l'ennuie ; il ne comprend pas plus qu'on aille à la campagne qu'au Cirque ; les femmes l'ennuient, illégitimes et légitimes ; la galanterie lui paraît une chose insipide : il connaît le nombreux personnel de la légèreté parisienne, et il ne se baisserait pas pour ramasser mademoiselle Machinette si elle tombait dans le lac de son jardin ; mademoiselle Machinette. jugez donc ! une Hongroise du Mecklembourg, qui a presque autant de chevaux que d'adorateurs, et qui a mangé sept millions à un banquier finlandais.

Par contre, le mariage lui semble une institution maussade ; le comte exècre les enfants, même à l'heure où on les couche, et il porterait volontiers le deuil d'un ami qui s'engage dans l'armée conjugale ; n'appelle-t-on pas, dirait-il, ce coup de tête : *faire une fin ?* entre la *fin* et le *décès*, il n'y a différence que dans les mots. Je ne vous engage pas à trouver sur votre route le comte de Montsablé , il communiquerait le spleen à un Napolitain.

Vous voulez l'emmener au Louvre? — Il a tant vu de tableaux ! Vous prétendez l'induire en voyage? Tous les pays se ressemblent. Vous avez l'ambition de lui faire connaître un livre nouveau? Il répondra comme Royer-Collard : *Je ne lis plus, je relis.*

Seulement, lui, n'a jamais lu ; à peine si son estomac intellectuel peut supporter une fois par hasard un *suprême* de nouvelles à la main. Quand on lui raconte une anecdote friande, au second mot il vous interrompt pour dire:

— Je la connais.

Que diable ce gentilhomme fait-il ici-bas? il y a des morts dans leur cercueil qui sont plus vivants que lui: il rendrait sceptique, la Foi ; pessimiste, l'Espérance ; incendiaire, la Charité.

Gardez-vous, comme de la fièvre jaune, de ce dénigreur prêt à se plaindre de la fétidité des roses et du vacarme des rossignols !

Ah ! s'il n'a jamais quitté Paris, on peut dire aussi que Paris ne l'a jamais quitté !

Il a l'œil éteint, la voix sourde, le teint brûlé, avec une élégance qui rend encore plus sensible son usure de corps et d'âme ; on ne lui prêterait pas cent sous sur son moral.

N. B. Le comte de Montsablé passe sur le boulevard pour un *sage*.

Le vicomte, lui, le pensionnaire de la *République Rose*, a trente-huit ans qui

viennent de sonner, mais vous lui donneriez quinze ans de moins qu'à son frère ;
tout l'enchante, tout l'amuse, tout le
grise de jeunesse ; il est marié depuis le
vingt-septième attentat sur Louis-Phi-
lippe, ce monarque qui servait de cible à
ses sujets, et il adore sa femme comme
au premier jour ; car il n'a dépensé ni
son cœur, ni ses sens dans d'affreux cabi-
nets particuliers ; il ferait cent lieues
pour voir un Véronèse inédit : il passerait
la nuit à lire le livre qui vient de paraî-
tre ; le champagne comme le chambertin
ont pour lui toute leur saveur première ;
une sonate de Haydn a encore des se-
crets à lui confier ; il se plaît à l'audition
de la vieille musique comme on se plaît
dans la société des vieilles femmes ; il n'a
jamais trouvé une journée trop longue ; en

voyage, il écrit à sa femme encore fort jolie, des lettres d'amour qui sont des chefs-d'œuvre ; il a amassé un capital de printemps dont la vieillesse n'aura jamais raison.

N. B. Le vicomte de Montsablé passe, dans la zone de Tortoni, pour un écervelé. Comparez ces deux fruits du même arbre mûris, l'un au gaz, l'autre au vrai soleil, et vous verrez combien la *République Rose* l'emporte sur les autres.

VI

Allez vous refaire à *Paradis*, je vous
le conseille, Sybarites de l'honneur, que
le pli d'une conscience empêche de dor-
mir ; Épicuriens du béau, à qui répugne
la difformité de l'âme ; hôtes des salons
d'autrefois, qui vous trouvez si mal à
l'aise dans cet estaminet qu'on appelle
Paris. Suivez-les, pauvres amoureux qui
avez un cœur à la place d'un louis ; suivez-les, croyants à l'idéal qu'on force à

dire : *Credo in nummum sanctum,* poëtes attardés sur le nez desquels on casse la lyre, jeunes gens qui n'êtes pas à la vraie mode du jour, dont le dernier mot est d'avoir l'air de petits Mathusalem frétillants. — O fiancés séparés qui comptez, non pas la dot, mais les instants, pourquoi n'y cueilleriez-vous pas les fleurs de votre bouquet nuptial ? et vous, Alcestes chez qui la circulation de la bile a remplacé la circulation du sang, venez à *Paradis,* oubliez toutes les Célimènes, vous n'y rencontrerez ni Philinte, ni Oronte ! — Respirez-y enfin, ô sceptiques en politique, qui avez tant de foi pour ce qui appartient à la vie privée !... C'est l'aigre et verbeux Rousseau qui disait : *Si les dieux descendaient sur la terre, ils se mettraient en république;*

vous savez laquelle, — celle du *Contrat social*, où Jupiter tournerait vite au Collot d'Herbois ; laissez-moi croire seulement que si tout simplement les gens de cœur et d'esprit tombaient dans une île déserte, ils se mettraient en *République Rose*.

P. S. Le plus fidèle des amoureux de Venise, le peintre Ziem, vient de se fixer dans les îles du *Paradis retrouvé*, ébloui qu'il est par la supériorité de leurs couchers de soleil. Changeant une seule lettre au précepte d'Horace, il a pris pour devise : *Carpe Ziem*.